AF563040

AUTOUR

DES

ÉLECTIONS

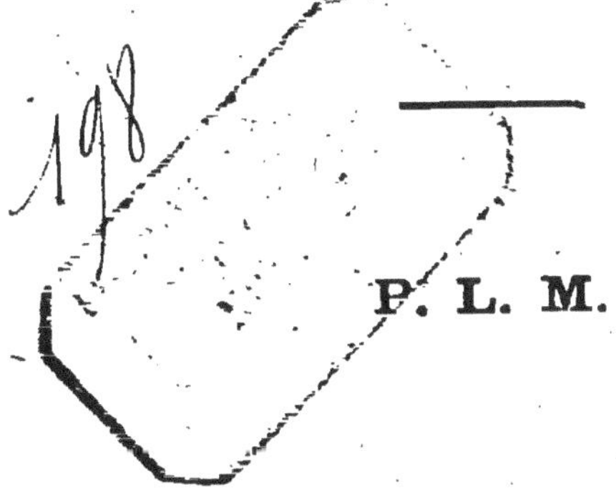

P. L. M.

MAYENNE

IMPRIMERIE A. DERENNE

Près le Pont-Neuf

1883

AUTOUR

DES

ÉLECTIONS

P. L. M.

MAYENNE

IMPRIMERIE A. DERENNE

Près le Pont-Neuf

1883

AUTOUR DES ÉLECTIONS

Cher lecteur, avez-vous remarqué dans le *Journal de Lassay,* du 28 octobre, un passage commençant par ces mots : Niort. On nous garantit l'authenticité du fait suivant... etc.

Cette malicieuse petite prose a la prétention de vouloir froisser quelqu'un. Mais elle prouve seulement que l'auteur est un grossier personnage, et que son patron ou directeur politique est un confrère dénué de tact et de savoir-vivre.

Du reste, de la part de l'adversaire du regretté docteur Le Marchant, on ne peut, paraît-il, s'attendre à autre chose.

On assure que M. Lebreton a coutume de prodiguer ses soins aussi bien aux bêtes qu'aux gens. Ce fait nous explique comment ses clients du pays de Niort ont pu inventer l'*histoire du bourriquet.*

O naïf correspondant du *Journal de Lassay*, le Dr Mauny soignera peut-être, quelque jour, *maître Aliboron*, s'il se présente à lui avec une figure *humaine comme la vôtre!* Sauf cette exception, sa clientèle lui permettra volontiers de laisser à son confrère le mérite exclusif de mettre en pratique, à l'égard de tous les bourriquets du canton, le troisième grand principe de sa chère devise :

Liberté, égalité, etc...

PETITES HISTOIRES

Si vous êtes en mésintelligence avec Tournevite, n'en soyez pas trop affligés. Si même il a tenu contre vous mille propos désavantageux ; réjouissez-vous. Son esprit, aussi versatile que petit, vous portera demain jusqu'aux nues. C'est ainsi que, l'autre jour, il s'écriait avec enthousiasme : « Vive Coquelicot ! voici l'homme de l'avenir ! »

Tournevite est un homme utile dans son pays; mais seulement à titre de *girouette.*

Il indique parfaitement d'où le vent souffle.

*
* *

L'on ne peut contenter tout le monde ! La Girouette désirait une petite place au banquet Coquelicot. Il s'était si bien servi des pieds, des mains et de la voix, pour fêter la grande victoire, que son gosier méritait être arrosé !

Mais l'ami Lécorcheur a jugé sa conversion encore trop récente. On a promis de l'admettre, s'il sait se maintenir jusqu'aux prochaines élections.

Gare aux coups de vent !

Grâce aux progrès des idées rouges, les élections municipales vont remettre en évidence d'illustres citoyens. A Roseville, l'on présentera Boiscornu. Ce vieux ramolli possède un passé glorieux. Voici son histoire en deux mots : Cousu de dettes, à l'âge auquel le travailleur doit jouir de ses économies, il parvint à épouser une fille de bonne famille. Dès le lendemain du mariage les dettes avaient fait disparaître la dot de madame. Trop paresseux pour soutenir son ménage, il mit la discorde dans la famille à laquelle il s'était imposé, afin de faire son profit. Malgré tout, la misère menaçait, sans un héritage impatiemment attendu. Cet heureux héritage lui-même eût été insuffisant si Boiscornu n'avait eu la précaution de l'augmenter en dépouillant des orphelins.

Les habitants de Roseville feront bien de ne pas confier la gestion de leurs affaires municipales à ce mauvais sujet, qui a si mal géré les siennes.

*
* *

La Breloque est un petit Monsieur, qui sait faire usage de *tous* ses membres.

Lorsqu'il se rend chez Tendrecœur, son ami, sur le cadran s'agitent ses mains, sur la couchette manœuvrent ses pieds.

*
* *

M. Legrossot se présente aux élections. En conséquence, il fulmine contre tout ce qui est réactionnaire, et surtout contre *ces nobles*, qu'il méprise.

Combien il serait heureux cependant de posséder le moindre titre de noblesse !

Sans en avoir le droit, il a grand soin d'écrire son nom en deux mots, *le Grossot*.

Beaucoup de gens pensent qu'il devrait bien l'écrire en trois mots !

*
* *

Le journal de Lassay possède à Brétignolles un correspondant très instruit.

D'après lui, les chevaux ont *des pattes* !

Et (chose plus baroque que *l'équipée comique* d'un candidat, auquel manque seulement trente-six voix sur neuf cents), ces chevaux peuvent néanmoins donner des *coups de pied* !

Peut-être ce monsieur possède-t-il un brevet de capacité ?

En tous cas, il vaudrait mieux qu'il fût moins breveté, mais plus capable.

*
* *

CHARADE INÉDITE

—

Lorsque chante mon premier
Jeune poulette est en liesse.

—

Lorsque chante mon dernier
Chacun se bouche le nez.

—

Au vieux cerf des forêts
Ressemble mon entier.

*
* *

Deux futurs candidats au baccalauréat parcourent ensemble les œuvres de Boileau. L'un d'eux lit ce passage bien connu :

« Dans Florence, jadis, vivait un médecin
Savant hâbleur, dit-on, et célèbre assassin. »

Tiens, dit l'autre tout naïvement, si le fils d'un assassin voulait continuer en paix l'œuvre de son père, il n'aurait qu'à se faire médecin.

Imp. A. DERENNE, Mayenne. — Paris, boul. Saint-Michel, 52.

www.ingramcontent.com/pod-product-compliance
Lightning Source LLC
LaVergne TN
LVHW010331230826
846091LV00009B/3812

* 9 7 8 2 0 1 3 0 4 8 7 6 7 *